BEI GRIN MACHT SICH IHR WISSEN BEZAHLT

AF130516

- Wir veröffentlichen Ihre Hausarbeit, Bachelor- und Masterarbeit

- Ihr eigenes eBook und Buch - weltweit in allen wichtigen Shops

- Verdienen Sie an jedem Verkauf

Jetzt bei www.GRIN.com hochladen und kostenlos publizieren

Bibliografische Information der Deutschen Nationalbibliothek:

Die Deutsche Bibliothek verzeichnet diese Publikation in der Deutschen National-
bibliografie; detaillierte bibliografische Daten sind im Internet über http://dnb.d-
nb.de/ abrufbar.

Impressum:

Copyright © 2018 GRIN Verlag
Druck und Bindung: Books on Demand GmbH, Norderstedt Germany
ISBN: 9783346189448

Dieses Buch bei GRIN:

https://www.grin.com/document/742056

Alexander Scharff

Abhängigkeiten der Kunden von Cloud-basierten Share-Economy-Geschäftsmodellen

Warum "Everything Online" den Konsumenten in die ökonomische Abhängigkeit von monopolistischen Anbietern treibt

GRIN Verlag

GRIN - Your knowledge has value

Der GRIN Verlag publiziert seit 1998 wissenschaftliche Arbeiten von Studenten, Hochschullehrern und anderen Akademikern als eBook und gedrucktes Buch. Die Verlagswebsite www.grin.com ist die ideale Plattform zur Veröffentlichung von Hausarbeiten, Abschlussarbeiten, wissenschaftlichen Aufsätzen, Dissertationen und Fachbüchern.

Besuchen Sie uns im Internet:

http://www.grin.com/

http://www.facebook.com/grincom

http://www.twitter.com/grin_com

Abhängigkeiten der Kunden von Cloud-basierten Share-Economy-Geschäftsmodellen am Beispiel von LiquidSky

Warum „Everything Online" den Konsumenten in die ökonomische Abhängigkeit von monopolistischen Anbietern treibt

Alexander Scharff

1. Inhalt

2. Einleitung

2.1. Ziele der Arbeit

Für viele Unternehmen ist die Cloud von großer Bedeutung. Bei der Absicherung von Daten, sowie der kostengünstigen Auslagerung von Anwendungen, die standort- und geräteunabhängig verwendet werden sollen, sowie eine größere Rechenkapazität benötigen, spielt diese Art von Infrastruktur eine wichtige Rolle. Bei Konsumenten hingegen bleiben Anwendungen und Dokumente meistens auf dem Rechner unter Kontrolle und geraten ohne den ausdrücklichen Willen des Endanwenders nicht in das weltweite Internet.

Start-Ups und Unternehmen sind dabei, das für den Computer und das Smartphone wichtige Betriebssystem in die Cloud zu heben. Durch die Weiterentwicklung der Internet-Infrastruktur über immer kürzere Latenzen und höhere Datenraten besteht die Chance, das Betriebssystem, das zum Anzeigen und Verarbeiten von Informationen notwendig ist, nicht mehr lokal gebunden auf einem Computer auszuführen, sondern auf einem entfernten Server, der räumlich nicht mehr an die Nähe zum Nutzer gebunden ist.

Als Share-Economy-Geschäftsmodell bieten Cloud-Dienste die Möglichkeit, durch die Nutzung von mehreren Konsumenten und Unternehmen die Kosten zu verringern und den Ertrag zu erhöhen.

Diese Arbeit stellt zuerst verschiedene Modelle vor und behandelt anschließend die Geschäftsmodellanalyse von dem Cloud-Gaming-Anbieter LiquidSky und dessen Entwicklung in der Zukunft. Durch Cloud-Gaming als Vorreiter könnte die Art, wie das Betriebssystem ausgespielt wird, verändert werden. Diese Arbeit diskutiert Chancen und Möglichkeiten, die ökonomisch und technisch für Unternehmen und Konsumenten von Nutzen sein könnten. Bei dieser Entwicklung könnten sich allerdings Risiken durch neue Abhängigkeiten einstellen, denn durch eine sich derzeit abzeichnende hohe Hürde bei der Transferierbarkeit von Daten unter den Cloud-Anbietern entwickeln sich neue monopolistische Angebote.

3. Theoretische Grundlagen

3.1. Konzepte und Ansätze zur Geschäftsmodellierung

3.1.1. Business Model Canvas nach Osterwalder/Pigneur (2011)

Das Business Model Canvas von Osterwalder und Pigneur setzt sich aus neun Bausteinen zusammen: Die **Customers Segments, Value Propositions, Channel, Customer Relationships, Revenue Streams, Key Resources, Key Activities, Key Partnerships** und **Costs Structures**[1]. Die Bausteine fließen in ein Chart ein, die in einer Geschäftsmodellanalyse zum Beispiel unter Zuhilfenahme von Klebe-Notizen genutzt werden können. Das Ziel ist es, die Komplexität einer Organisation übersichtlich und in einem Gruppenprozess darzustellen. Die Ersteller des Modells könnten dabei instinktiv vorgehen.

Für Osterwalder/Pigneur (2011) bilden die Customer Segments (Kundensegmente) das Herz des Geschäftsmodells. Ein Unternehmen sollte seine Kunden in verschiedene Segmente aufteilen und zusammenfassen. Dabei sind die gemeinsamen Bedürfnisse oder Verhaltensweisen Merkmale, die zur Unterteilung genutzt werden[2].

Die Value Propositions (Wertangebote) sind der Faktor, der das Angebot des Unternehmens von anderen absetzt. Kunden wenden sich dem Unternehmen bzw. Produkt zu, dass aus ihrer Sicht den höheren Mehrwert bietet. Das Angebot muss ein Kundenproblem oder Bedürfnis erfüllen. Wertangebote können sehr innovativ sein, sich aber auch durch zusätzliche Eigenschaften von Konkurrenzangeboten absetzen, zum Beispiel durch die Innenausstattung eines Fahrzeugs.[3]

Channel, also Kommunikations- Distributions- und Verkaufskanäle gelten Olsterwalder/Pigneur (2011) als Schnittstelle zwischen Unternehmen und Kunden. Hier geht es darum, die Aufmerksamkeit der Kunden auf Produkte oder Dienstleistungen zu lenken, die Bewertung und den Kauf zu ermöglichen und weitere Phasen zu nutzen (s. Abbildung in Anlage 1).[4]

---

[1] OSTERWALDER/PIGNEUR (2011), S. 21
[2] OSTERWALDER/PIGNEUR (2011), S. 24–25
[3] OSTERWALDER/PIGNEUR (2011), S. 27
[4] OSTERWALDER/PIGNEUR (2011), S. 31

Customer Relations (Kundenbeziehungen) werden von drei Motivationen angetrieben: Akquise, Pflege, Verkaufssteigerung. Unternehmen sollten sich Klarheit über die Art der Beziehung zu ihrem Kundensegment verschaffen.

Bei einer persönlichen Beziehung steht dem Kunden ein echter Kundenberater zur Verfügung. Ein anderes Beispiel ist die Online-Community, um Kunden untereinander zu vernetzen, um sich gegenseitig bei Problemen zu helfen[5].

Für welchen Wert sind welche Kundensegmente bereit zu zahlen? Revenue Streams (Einnahmequellen) können unterschiedliche Preisfestlegungsmechanismen aufweisen, zum Beispiel Listenpreise, Verhandlung und Auktionen. Das kann eine einmalige Zahlung sein oder eine wiederkehrende, zum Beispiel Abomodelle[6].

Key Ressources (Schlüsselressourcen) sind die wichtigsten Ressourcen eines Unternehmens. Physische Ressourcen sind physische Wirtschaftsgüter, wie Maschinen, Gebäude oder Rechenzentren. Diese Art von Ressource ist sehr kapitalintensiv. Intellektuelle Ressourcen sind Marken, Firmenwissen, Pantente und Copyrights. Geistiges Eigentum, wie zum Beispiel eine intelligente Software, die Rechenzentren kostensparend verwaltet (Google) muss lange entwickelt werden.

Die Key Activities (Schlüsselaktivitäten) sind die wichtigsten Aktivitäten eines Unternehmens. Für Amazon zum Beispiel ist das Management der Logistik wichtig, um die Erwartungen der Kunden zu erfüllen (schnelle Lieferungen, Pünktlichkeit und Zuverlässigkeit).[7]

Key Partnerships (Schlüsselpartnerschaften) können zum Beispiel zur Optimierung durch Mengenvorteilen eingesetzt werden. Dadurch werden Kosten gemindert. Unternehmen können eine Allianz bilden, um einen technischen Standard zu etablieren, von dem die beteiligten Unternehmen profitieren.[8]

Die Cost Structure (Kostenstruktur) beschreibt alle Kosten, die für das Geschäftsmodell anfallen.[9]

---

[5] OSTERWALDER/PIGNEUR (2011), S. 32–33
[6] OSTERWALDER/PIGNEUR (2011), S. 34–35
[7] OSTERWALDER/PIGNEUR (2011), S. 40–41
[8] OSTERWALDER/PIGNEUR (2011), S. 42–43
[9] OSTERWALDER/PIGNEUR (2011), S. 44–45

3.1.2. St. Galler Business Model Navigator nach Gassmann/Frankenberger/Csik (2017)

Der St. Galler Business Model Navigator von Gassmann/Frankenberger/Csik (2017) ist ein Modell um bestehende Geschäftsmodelle abzubilden und zu innovieren.[10] Die Autoren sehen in innovativen Geschäftsmodellen die Kernvoraussetzung für die langfristige Wettbewerbsfähigkeit.[11] Für die Innovation eines Geschäftsmodells müssen in der Designphase, in der unter anderem das bestehende Geschäftsmodell abgebildet wird, mehrere Stufen durchlaufen werden.

In der Initiierungsphase geht es darum, das Umfeld zu analysieren, danach geht es um die Ideenfindung, bestehende Muster zu adaptieren, und anschließend um die Integration des Geschäftsmodells. Da die Autoren für die Unternehmenspraxis schreiben, widmen sie sich auch der Umsetzung des Plans (s. Abbildung in Anlage 2).

Das Modell zur Beschreibung des Geschäftsmodells wird aus vier Dimensionen in einem sogenannten „magischen Dreieck" dargestellt.[12]

Die erste Dimension ist die **Kundendimension**. Das Unternehmen muss verstehen, welches die relevanten Kundensegmente sind und welche nicht.[13] Eine weitere Dimension sieht Gassmann/Frankenberger/Csik (2017) im **Nutzenversprechen**. Sie beschreibt, was den Zielkunden angeboten wird. Dabei geht es um alle Leistungen des Unternehmens, die nützlich für den Kunden sein können.[14] **Die Wertschöpfungskette** ist die dritte Dimension und steht mit dem Nutzenversprechen in Korrelation. Hier müssen Prozesse und Aktivitäten zusammen mit den Ressourcen und Fähigkeiten koordiniert werden, um das Nutzenversprechen einzulösen.[15] Die vierte und letzte Dimension **Ertragsmechanik** erklärt den finanziellen Aspekt des Geschäftsmodells. Die Kostenstruktur und Umsatzmechanismen werden hier beschrieben.[16]

---

[10] GASSMANN/FRANKENBERGER/CSIK (2017), S. 22
[11] GASSMANN/FRANKENBERGER/CSIK (2017), S. 22
[12] GASSMANN/FRANKENBERGER/CSIK (2017), S. 6
[13] GASSMANN/FRANKENBERGER/CSIK (2017), S. 6
[14] GASSMANN/FRANKENBERGER/CSIK (2017), S. 7
[15] GASSMANN/FRANKENBERGER/CSIK (2017), S. 7
[16] GASSMANN/FRANKENBERGER/CSIK (2017), S. 7

Zusammengefasst definiert Gassmann/Frankenberger/Csik (2017) ein Geschäftsmodell darüber, wer die Kunden sind, was verkauft wird, wie man es herstellt und wie man daraus einen Ertrag realisiert.[17]

3.1.3. Geschäftsmodell-Innovation nach Schallmo (2013)

Schallmo (2013) entwickelt sein Modell durch die Analyse einer großen Bandbreite vorhergehender Literatur. In diesem Zusammenhang sieht Schallmo (2013) unterschiedliche Ansätze, die verschiedene Aspekte berücksichtigen, aber keinen vollständigen Ansatz bieten.[18]

Für den Ansatz legt Schallmo unterschiedliche Anforderungen fest und entwickelt das Geschäftsmodell aus einer Synthese der vorliegenden Literatur.[19] Auf dieser Basis kann Schallmo unterschiedliche Geschäftsmodell-Elemente und Dimensionen identifizieren.

Die Geschäftsmodell-Vision ist das ideale Geschäftsmodell innerhalb einer Branche, im Vergleich mit dem eigenen Modell. Die **Kundendimension** beschreibt die Kundensegmente und die Beziehungen, die zu den Kunden eingenommen werden sollen. Die **Nutzendimension** besteht aus den Leistungen, die bestimmten Kundensegmenten angeboten werden sollen, um diesen einen Nutzen zu stiften.[20] Die **Wertschöpfungsdimension** besteht aus den Ressourcen und Fähigkeiten, die gebraucht werden, um Leistungen zu erstellen, die für das Betreiben des Geschäftsmodells notwendig sind. In der **Partnerdimension** wird auf die Umwelt des Unternehmens näher eingegangen und die Frage gestellt, welche Beziehungen zu bestimmten Partnern vorliegen und inwieweit sie notwendig für das Geschäftsmodell sind. Welche Kosten und Umsätze mit dem Geschäftsmodell erzielt werden und welche Mechanismen dafür zum Einsatz kommen, wird in der **Finanzdimension** festgelegt. Außerdem sieht Schallmo (2013) in der Führung (**Führungsdimension**) kritische Erfolgsfaktoren für das Geschäftsmodell (Abbildung in Anlage 3).[21]

Aus diesem Raster gehen allerdings, anders als beim Business-Model-Navigator von Gassmann/Frankenberger/Csik (2017), die Beziehungen der einzelnen Dimensionen untereinander nicht hervor. Hierfür analysiert Schallmo (2013) die

---

[17] GASSMANN/FRANKENBERGER/CSIK (2017), S. 29–30
[18] SCHALLMO (2013), S. 113
[19] SCHALLMO (2013), S. 117
[20] SCHALLMO (2013), S. 118
[21] SCHALLMO (2013), S. 119

Beziehungen in den anderen Geschäftsmodellansätzen und erstellt daraus ein Metamodell, um die Beziehungen der Dimensionen und Elemente untereinander zu visualisieren.[22] Das Metamodell orientiert sich dabei an den Ansätzen von Bieger und Reinhold (2011), Johnson (2010), Osterwalder, (2004) und Osterwalder und Pigneur (2010).[23]

3.1.4. Anwendbarkeit der Modelle auf LiquidSky

LiquidSky ist ein Unternehmen mit einem Geschäftsmodell, dass derzeit auf ein eingegrenztes Publikum, Computerspieler, zielt und moderate Bekanntheit genießt. Die Technologie, die hier eingesetzt wird, ist stark abhängig von der Internet-Infrastruktur im Allgemeinen. Eine positive Entwicklung hängt damit von der Internet-Infrastruktur ab. Am nächsten kommt dieser Infrastruktur eine Schlüsselressource im Sinne von Osterwalder/Pigneur (2011) beziehungsweise einer Ressource im Sinne von Schallmo (2013) nahe. Allerdings gehen beide davon aus, dass sich die Schlüsselressource im Einflussbereich des Unternehmens befindet. Die Verfügbarkeit von ausreichender Internet-Infrastruktur ist allerdings abhängig von zahlreichen Faktoren, nicht zuletzt von einem gesellschaftlichen und politischen Willen. Der St. Galler Business Model Navigator bildet den Einfluss am ehesten ab, da hier stärker auf die Beziehungen eingegangen wird. Allerdings liefert der Business Model Navigator nur eine grobe Einordnung der Geschäftsmodellsituation, da er für die Weiterentwicklung von älteren, bereits bestehenden Geschäftsmodellen gedacht ist. Schallmo (2013) hingegen berücksichtigt die Beziehungsdimension in einem zweiten Metamodell, das allerdings sehr komplex ist. Osterwalder/Pigneur (2011) berücksichtigt Beziehungsdimensionen hingegen nur bei den Kunden. Einerseits kann die Abbildung der Beziehungsdimension zu Partnern und Kunden wichtig sein, da sie hauptsächlich automatisiert stattfindet, andererseits müsste sie vielleicht gerade deswegen nicht berücksichtigt werden. Für die Konsequenzen, die ein nicht-persönlicher Umgang mit Kunden hat, ist die Abbildung dieser Dimension aber sinnvoll.

---

[22] SCHALLMO (2013), S. 124
[23] OSTERWALDER/PIGNEUR (2010) ist die englische Originalfassung von
OSTERWALDER/PIGNEUR (2011)

3.2. Relevante Definitionen der Untersuchung

3.2.1. Definition der Share-Economy

Die Share-Economy beschreibt ein ökonomisches Geschäftsmodell, basierend auf dem Teilen von wenig genutzten Vermögenswerten oder Dienstleistungen, kostenlos oder für eine Gebühr.[24] Sie wird als Alternative zum Privateigentum gesehen und kann Ressourcen schonen und Synergieeffekte erzeugen.[25] Individuen können dabei ihre Ressourcen zur Verfügung stellen und damit Geld verdienen.[26] Hierfür werden Online-Plattformen als Vermittler zur Hilfe genommen.[27] Grundsätzlich ist häufig von nachhaltiger Wirtschaft die Rede.[28] Durch die mehrfache Nutzung in der Share-Economy sehen einige eine Annäherung an die Null-Grenzkosten-Gesellschaft, bei der die Kosten für weitere Nutzung sehr gering sind.[29] Manch einer sieht darin eine „ökonomische Entscheidungsschlacht" gegen Kapitalisten.[30]

Erst durch das Internet und dessen Plattformen ist Share-Economy für wesentliche Anwendungsbereiche und für eine große Zahl an Nutzern einfach zu verwalten. Das Prinzip dahinter kennen wir bereits von Autoverleihern oder öffentlichen Bibliotheken.[31] Diese erreichen allerdings nur einen kleinen Einzugsbereich, und verwalten lediglich Business to Consumer (B2C) bzw. Business to Business (B2B)-Waren, die vom Unternehmen eingekauft und verliehen werden. Das Internet ermöglicht die Allokation eines großen Consumer to Consumer (C2C)-Angebots, das dieses Angebot erst für eine breite Anzahl an Nutzern attraktiv macht, zum Beispiel (Ferien-)Wohnungen bei dem Unternehmen AirBnB. Die Motivation an C2C-Angeboten teilzunehmen sind ökonomischer Natur. Denn bei der Share-Economy geht es nicht um das wirkliche Teilen, sondern um Vermieten, um Geld mit „pseudo-sharing" zu verdienen.[32] Der „Share"-Teil beschränkt sich darauf, Ressourcen, die einem gehören, an andere zu geben, um besser davon zu profitieren.[33]

---

[24] BOTSMAN (2015)
[25] BELK (2007), S. 126
[26] PRICEWATERHOUSECOOPERS (2015), S. 5
[27] WOSSKOW (2014), S. 14
[28] HENG (2017), S. 1340
[29] RIFKIN (2014), S. 127–132
[30] RIFKIN (2014), S. 254
[31] PUSCHMANN/ALT (2016), S. 95
[32] HAWLITSCHEK/TEUBNER/GIMPEL (2016), S. 4784
[33] HAWLITSCHEK/TEUBNER/GIMPEL (2016), S. 4784

Auch Anbieter von Mietfahrzeugen wie DriveNow im B2C-Bereich werden unter Share-Economy gehandelt, obwohl sie kein C2C-Modell anbieten. Diese teilen aber die Gemeinsamkeit, dass Vermögenswerte effizienter ausgelastet werden.[34]

Damit Share-Economy-Geschäftsmodelle erfolgreich sind, benötigt es neben einer kritischen Masse an Nutzern sowie den bereitstehenden Kapazitäten, die dort „geteilt" werden können, ein Glaube in die Allgemeinheit und ein Grundvertrauen zwischen Fremden[35]. In aktuellen Share-Economy-Geschäftsmodellen ist Vertrauen eine komplexe und wesentliche Komponente, um den Erfolg der Plattform zu sichern.[36] Der Anbieter muss die Nutzersicht in seinem Prozess stark berücksichtigen. Der Erfolg von Cloud-Computer- und Cloud-Gaming-Anbietern im B2C-Bereich könnte davon ebenfalls abhängen.

3.2.2. Definition von Cloud-Computing

Cloud-Computing beschreibt eine dynamische Recheninfrastruktur in einem entfernten Rechenzentrum, die von einer großen Anzahl an Nutzern nach dessen Bedarf gebucht und abgerechnet werden kann.[37] Bereitgestellt wird Speicherplatz sowie eine schnelle Internetanbindung und Rechenleistung. In der Literatur wird von einer flexiblen und skalierbaren Infrastruktur gesprochen[38], einer Illusion von unendlicher Rechenleistung, die nach Bedarf („on demand") verfügbar ist und der Möglichkeit, in kurzen Abrechnungszeiträumen bzw. in Echtzeit Ressourcen nach Bedarf zu bezahlen.[39]

Eine häufig zitierte Definition zu Cloud-Computing wurde vom National Institute for Standards and Technology (NIST) in den USA erstellt.[40] [41] [42] [43] Das NIST identifiziert fünf essenzielle Charakteristiken, die eine Cloud im Wesentlichen erfüllt. Die bereits erwähnte On-Demand-Verfügbarkeit zeichnet sich dadurch aus, dass eine Person Rechenzeit oder Netzwerkspeicher automatisch und ohne Interaktion mit einem Mitarbeiter des Anbieters buchen kann. Die Kapazitäten müssen über das Internet verfügbar sein und von unterschiedlichen Thin- oder Fat-Clients

---

[34] BOTSMAN (2013)
[35] BOTSMAN/ROGERS (2011), S. 78
[36] HAWLITSCHEK/TEUBNER/WEINHARDT (2016), S. 32
[37] BUNDESAMT FÜR SICHERHEIT IN DER INFORMATIONSTECHNIK (o.J.)
[38] RITTINGHOUSE/RANSOME (2010) nach HENTSCHEL/LEYH (2018), S. 4
[39] ARMBRUST, et al. (2009), S. 1
[40] BAUN (2011), S. 5
[41] WIKIPEDIA (2018)
[42] VOSSEN/HASELMANN/HOEREN (2013), S. 20
[43] HENTSCHEL/LEYH (2018), S. 5

(Definition unter 3.2.4) angesprochen werden können. Die Ressourcen sind des Weiteren gebündelt, um mehrere Kunden durch verschiedene physische und virtuelle Ressourcen zu bedienen. Durch Virtualisierung ist der genaue Standort der Ressourcen nicht zu identifizieren. Mit Ressourcen können Rechenleistung, Speicher und Bandbreite gemeint sein. Weiterhin können Kapazitäten elastisch bzw. sogar automatisiert erweitert werden, um eine rapide Skalierung auf Wunsch zu ermöglichen. Die letzte Eigenschaft beinhaltet das automatisierte Verteilen und Optimieren von Ressourcen unter den aktiven Cloud-Nutzern.[44]

Die Dienstleistungen unterscheiden sich in drei Modellen: Software as a Service (SaaS), Platform as a Service (PaaS) und Infrastructure as a Service (IaaS).

Bei SaaS bietet der Anbieter dem Nutzer Anwendungen an, die auf einer Cloud-Infrastruktur laufen. Auf die Anwendung wird über den Web-Browser, einem Thin-Client oder einem Programm zugegriffen[45], zum Beispiel Office 365.[46]

PaaS bietet die Infrastruktur an, auf dem Unternehmen und Nutzer ihre Anwendungen hochladen können. Der Kunde lädt nur die Anwendung hoch, die im Internet zur Verfügung gestellt werden soll, verwaltet die Infrastruktur allerdings nicht selbst. Die Anwendung muss auf einer der vom Cloud-Provider zur Verfügung gestellten Entwicklungsumgebung (Engine) laufen[47], zum Beispiel Microsoft Azure[48].

IaaS stellt dem Kunden virtualisierte Maschinen auf einer Cloud-Infrastuktur zur Verfügung, die flexibel und „on demand" abgerechnet wird. Dabei wird Rechenleistung, Speicherplatz und Bandbreite zur Verfügung gestellt[49], zum Beispiel Amazon EC2[50].

Einer der wesentlichen Merkmale von Cloud-Computing ist die Skalierbarkeit. Diese baut auf einer früheren Technologie auf, der Cluster- bzw. Grid-Technologie. Die Idee, bereits in den 1960er-Jahren verfolgt, basiert darauf, komplexe Rechenprobleme mit vielen kleinen, zusammengeschalteten Computern zu lösen.[51] Die einzelnen Teilsysteme heißen Nodes. Bei der Skalierbarkeit dieses

---

[44] MELL/GRANCE, S. 6
[45] MELL/GRANCE, S. 2
[46] MICROSOFT (o.J.b)
[47] MELL/GRANCE, S. 2–3
[48] MICROSOFT (o.J.a)
[49] MELL/GRANCE, S. 2
[50] AMAZON WEB SERVICES (o.J.)
[51] VOSSEN/HASELMANN/HOEREN (2013), S. 13

Rechenverbunds geht um zwei wesentliche Achsen: horizontale und vertikale Skalierbarkeit. Bei der vertikalen Skalierbarkeit handelt es sich um die Stärkung des Nodes: Der Node (ein einzelner Computer) wird durch einen stärkeren Rechner ersetzt. Bei der horizontalen Skalierung werden hingegen weitere Nodes zum Cluster hinzugefügt.[52] Cluster-Systeme werden dort eingesetzt, wo es um die Bereitstellung hoher Rechenleistung geht.[53] Grids unterscheiden sich im Wesentlichen dadurch, dass Cluster räumlich näher beieinander liegen müssen und homogene Hardware erfordern. Grids bestehen aus High-Perfomance-Nodes, mehrere Cluster können zu einem Grid zusammengeschlossen werden.[54]

Die Cloud vereint die Vorteile von Clustern und Grids. High-Perfomance-Nodes (zum Beispiel Server) können zusammengeschaltet werden, ebenso normale Computer. Durch Virtualisierung (Virtualisierung siehe 4.2.1.) werden Ressourcen in Pools gesammelt und virtuellen Maschinen zur Verfügung gestellt, die unabhängig vom der physischen Hardware laufen. Bei Fehlern können virtuelle Maschinen verschoben werden, Cluster müssen neugestartet werden.[55]

3.2.3. Definition von Cloud-Gaming

Cloud-Gaming oder Gaming as a Service (GaaS, angelehnt an Software as a Service) meint die Nutzung von Cloud-Computing-Infrastruktur, um die Flexibilität der Cloud für die Skalierung von großen Gaming-Diensten zu nutzen. Dem Nutzer wird der Zugang zu Computerspielen erleichtert, in dem weniger teure Hardware angeschafft werden. Die Nutzererfahrung wird dadurch verbessert, das sich zum Beispiel langsamere Hardware nicht mehr limitierend darauf auswirkt.[56]

Das am häufigsten zu beobachtende Modell, das derzeit angeboten wird, ist der sogenannte Remote Rendering GaaS (zum Beispiel LiquidSky, Geforce Now[57]). Hier wird die sogenannte Game Engine, der Software-Motor des Spiels, der die Bilder generiert, in einer eigenen Instanz für jeden Gamer in der Cloud ausgeführt.[58]

LiquidSky eröffnet sogar eine eigene Windows-Instanz, die die Spiele ausführt, außerdem ist der gesamte Desktop nutzbar (Desktop as a Service).[59]

---

[52] VOSSEN/HASELMANN/HOEREN (2013), S. 14
[53] VOSSEN/HASELMANN/HOEREN (2013), S. 15
[54] BUYYA, et al. (2009), S. 603
[55] BUYYA, et al. (2009), S. 603
[56] D'ANGELO/FERRETTI/MARZOLLA (2015), S. 1
[57] NVIDIA (o. J.a)
[58] D'ANGELO/FERRETTI/MARZOLLA (2015), S. 2
[59] LIQUIDSKY (o. J.c)

Im Unterschied zu anderen Desktop-as-Service-Diensten, zum Beispiel Amazon Workshop, bietet LiquidSky grafische Rechenleistung an, die zum Computerspielen geeignet ist. Das Bild wird von dem Server auf den Clienten gestreamt und Eingaben, die der Nutzer tätigt, werden zurück an den Server übertragen. Spielen in der Cloud bedeutet demnach, dass wesentliche Elemente des Spiels auf einem entfernten Server berechnet werden, die Berechnung des Bildes durch den eigenen Computer wird nur noch eingeschränkt notwendig (siehe dazu: ausführliche Grafik in Anlage 4).

Daraus ergibt sich auch die Möglichkeit, Spielstände auf der Cloud-Infrastruktur zu speichern und das Spiel unabhängig von dem Geräte-Typ zu nutzen. Spiele, die für den PC entwickelt wurden können auch auf Mobiltelefonen mit Android- oder iOS-Betriebssystem gespielt werden.[60] Darüber hinaus ist es möglich, Spiele vom Computer oder aus der Cloud mit einer Set-Top-Box auf den eigenen Fernseher zu streamen und dort einen Controller anzuschließen.[61] Die Set-Top-Box wird dadurch zum gleichwertigen Konsolenersatz.

3.2.4. Thin-Clients vs. Fat-Clients

In traditionellen Client/Server-Netzwerken (Fat-Clients) sind Betriebssysteme, Programme und Sicherheitssoftware auf jedem einzelnen Computer (Client) installiert. Der Server übernimmt hier die Verwaltung und Freigabe von Ressourcen sowie ein gemeinsames Dateisystem, um Dokumente übergreifend zu speichern. Gleichzeitig ist aber auch das Speichern auf der lokalen Festplatte des Computers möglich. Ein Mitarbeiter kann entscheiden, an welchem Ort gespeichert wird.[62]

Das führt allerdings dazu, dass viele wichtige Dateien über das Unternehmen verstreut gespeichert werden.[63] Sicherungskopien werden häufig nur von dem gemeinsamen Speicher vorgenommen. Infiziert eine Malware viele Rechner im System, kann Datenverlust die Folge sein.

Demgegenüber steht das Server-Based-Computing (Thin-Clients und Terminalserver). Hier werden nicht nur Daten, sondern Anwendungen, das eigentliche Betriebssystem und alle Rechenprozesse auf dem Server ausgeführt.[64]

---

[60] GOOGLE PLAY STORE (2018)
[61] NVIDIA (o. J.b)
[62] LAMPE (2010), S. 91
[63] LAMPE (2010), S. 92
[64] LAMPE (2010), S. 92

Der Client, den der Nutzer bedient, übernimmt außer der Darstellung und der Übertragung der Eingaben keine weiteren Aufgaben mehr.

Auf den Thin-Clients läuft ein sehr minimales („dünnes") Betriebssystem, zum Beispiel Microsoft Windows CE oder einer Linux-Derivat. Inzwischen rüsten Hersteller ihre Thin-Clients allerdings auch mit Web-Browsern oder anderen Funktionen aus, um zum Beispiel das Browsing im Web ohne Anmeldung am Terminalserver zu ermöglichen.[65] Auch bei der Hardware wird längst nicht immer auf Minimalismus gesetzt, um bessere Funktionalität zu ermöglichen.[66]

4. Analyse des Geschäftsmodells von LiquidSky

4.1. Analyse nach Osterwalder/Pigneur (2011)

Das Modell zur Geschäftsmodellierung von Osterwalder/Pigneur (2011) sieht neun wesentliche Bereiche vor, die zur Gestaltung von Geschäftsmodellen wesentlich sind.[67] Eine übersichtliche und ausführliche Grafik findet sich in Anlage 5.

LiquidSky ist ein Unternehmen der Share-Economy. Es bietet einen Cloud-Dienst an, der Rechenleistung aus einem virtualisierten Pool von Ressourcen teilt und den aktiven Nutzern zur Verfügung stellt. Diese Art der effizienten Ressourcenausnutzung teilt LiquidSky mit anderen Share-Economy-Geschäftsmodellen. Der besondere Teil ist hier die grafische Rechenleistung, die Gaming in der Cloud (Gaming as a Service) ermöglicht.

Die Customer Segments bestehen aus Computerspielern, die sich keine teure Hardware leisten können oder wollen, um die aktuellsten Spiele zu spielen sowie Anwendern, die geräteunabhängig arbeiten wollen (Desktop as a Service). Bei Enterprise-Kunden geht es darum, die grafische Rechenleistung zu nutzen um grafisch intensive Anwendungen, zum Beispiel bei der Videoproduktion oder bei Augmented-Reality zu betreiben.

Die Value Propositions bestehen aus der Möglichkeit, aktuelle High-End-Spiele ohne High-End-Hardware zu spielen. Der Kunde erhält eine hohe Computerleistung bei geringen monatlichen Kosten[68]. Er kann die Anwendung Geräte- und Standortunabhängig nutzen.[69] Enterprise-Kunden wird ein schnelles Deployment

---

[65] TETT (2005)
[66] DELL (o. J.)
[67] OSTERWALDER/PIGNEUR (2011), S. 21
[68] LIQUIDSKY (o.J.b)
[69] GOOGLE PLAY STORE (2018)

von Streaming-Servern geboten. Außerdem wird es ihnen ermöglicht Grafikanwendungen kosteneffizient in der Cloud zu berechnen[70].

LiquidSky bietet diese Anwendung über zwei Channel an: Der automatisierte Direktverkauf in der eigenen Anwendung[71], sowie der persönliche Verkauf bei Enterprise-Kunden.[72] Bei den Customer Relations steht LiquidSky mit seinen Kunden über Chat, Mail[73] und dem Forum[74] in Kontakt.

Die Revenue Streams bestehen aus einem Zahlungsmodell mit monatlicher Abrechnung, sowie einer minutengenauen Abrechnung tatsächlich genutzter Leistung.[75] Weiterhin wird in bestimmten Bereichen Werbung geschaltet und es werden gesponsorte Produktdemos vorinstalliert.[76] Außerdem werden Nutzungsdaten gesammelt (welche Spiele und Programme sind installiert) und verkauft[77], sowie Verträge mit Businesskunden über Dienstleistungs-Pakete abgeschlossen[78].

Key Ressources hierfür sind die Rechenzentren, in denen die Cloud-Infrastruktur zur Verfügung gestellt wird. Dabei müssen die virtuellen Maschinen allerdings auch verwaltet werden. Hierfür entwickelte LiquidSky eine Deployment-Lösung.[79] Erst durch die NVIDIA GRID-Technik ist es möglich, grafische Rechenleistung der Cloud zur Verfügung zu stellen[80] [81].

Die Key Activies bestehen darin, automatisch skalierende virtuelle Maschinen mit grafischer Rechenleistung für Computerspiele und andere Anwendungsfelder von anderen Unternehmen aufzubauen[82].

---

[70] LIQUIDSKY (o.J.a)
[71] Untersuchung der Client-Software von LiquidSky
[72] LIQUIDSKY (o.J.a)
[73] LIQUIDSKY (o.J.e)
[74] LIQUIDSKY (o.J.d)
[75] LIQUIDSKY (o.J.b)
[76] Untersuchung der Client-Software von LiquidSky
[77] LIQUIDSKY (2017)
[78] Vermutung hervorgehend aus LIQUIDSKY (o.J.a)
[79] LIQUIDSKY (o.J.a)
[80] NVIDIA (o.J.c)
[81] Hervorgehend aus einer Analyse mit dem GPU-Tool GPU-Z, auf einer virtuellen Maschine von LiquidSky sowie Angabe des Herstellers auf der Partnerseite
[82] LIQUIDSKY (o.J.f)

Key Partners sind dabei: IBM[83] und Amazon Web Services[84] für IaaS. Microsoft stellt Windows-Lizenzen zur Verfügung[85], NVIDIA bzw. AMD[86] eine vGPU-Infrastruktur (siehe dazu 4.2.2. NVIDIA-GRID-Technolgie) um grafische Rechenleistung an die virtuellen Maschinen weiterzugeben. Citrix stellt den Virtualsierungshypervisor[87] (siehe dazu: 4.2.1.) und Samsung Next Kapital[88].

Kapital, das auch benötigt wird, denn in der Cost Structure fallen hohe Kosten für IaaS von IBM/AWS an. Durch das vermutlich eingesetzte Auto-Scaling, um sich an die Nachfrage anzupassen, werden diese Kosten wahrscheinlich stark schwanken. Darüber hinaus fallen Lizenzkosten sowie Kosten für Wartung und Entwicklung an.[89]

4.2. Technologien hinter LiquidSky und ähnlichen Angeboten

4.2.1. Virtualisierung in der Cloud mit Amazon-Web-Services und IBM

LiquidSky bietet dem einzelnen Nutzer pro Account eine virtuelle Windows-Instanz an. Die Virtualisierung von Ressourcen bildet die Grundlage von Cloud-Architekturen. Das Konzept erlaubt es auf einer abstrakten, logischen Ebene physische Ressourcen, zum Beispiel Server, Datenspeicher, Rechenzeit, Netzwerke und Arbeitsspeicher in sogenannten Pools zusammenzufassen und gemeinsam zu verwalten. Aus diesen Pools können dann einzelne Ressourcen benutzt werden.[90] Vereinfacht fasst das Konzept physische Ressourcen zusammen und entkoppelt sie von ihrem ursprünglichen, limitierten Standort. Sie macht die Ressourcen auf einer abstrakten Ebene unabhängig von physischer Lokalität. Die Vorteile dabei sind neben der besseren Ausnutzung und Verteilung von Ressourcen die vereinfachte Administration. Durch die Trennung von der Systemebene entsteht ein Sicherheitsgewinn. Der Absturz einer virtuellen Maschine hat keine Folgen für

---

[83] IBM (2017)
[84] AWS ist als Partner angegeben, vermutlich nutzt LiquidSky AWS und IBM an unterschiedlichen Standorten
[85] Aufgrund des zu lizensierenden Windows Servers, den LiquidSky auf allen virtuellen Maschinen einsetzt (Untersuchung der virtuellen Maschine) sowie Angabe auf der Partnerseite
[86] AMD (2017)
[87] Eigene technische Analyse der virtuellen Maschine von LiquidSky, keine offizielle Angabe als Partner
[88] TAKASHI (2016)
[89] Finanzberichte sind jedoch keine veröffentlicht
[90] BAUN (2011), S. 9–10

andere virtuelle Maschinen auf demselben Hostsystem.[91] Weitere Vorteile sind Platzersparnis, Verfügbarkeit und geringerer Energieverbrauch.[92]

Konkret wird eine Virtualisierung durch eine Software, dem sogenannten Hypervisor, realisiert. Das Programm kümmert sich um die Verwaltung und Abbildung der Ressourcen. Je besser die Funktionalität dieses Programmes ist, desto größer sind die ökonomischen Vorteile.[93]

Ein Anbieter mit besonders großer Funktionalität sind die Amazon Web Services. Das Produkt EC2 basiert auf der Virtualisierungstechnologie[94] und bietet die automatisierte Erstellung von weiteren Instanzen an.[95] Instanzen sind bei Amazon die einzelnen virtuellen Maschinen, die mit unterschiedlichen Tarifen bepreist werden. Inzwischen nutzt LiquidSky auch die IBM-Cloud[96], die ebenfalls Auto-Skalierbarkeit anbietet[97]. Für LiquidSky ist hier die Bereitstellung niedrigerer Latenzen wichtig, da die Eingaben und das Feedback bei Videospielen entscheidend für das Spielerlebnis sind. Das macht es möglich, PC-Spiele auch über WLAN oder LTE zu spielen.[98]

4.2.2. NVIDIA-GRID-Technologie zur Berechnung von Grafikanwendungen in der Cloud

Grid-Systeme sind Verbünde aus leistungsfähigen Nodes. Eine Cloud kann Grids einbinden, um sie für das Ressource-Pooling nutzbar zu machen.[99] NVIDIA GRID schaltet dabei mehrere Grafikkarten zu einem Grid zusammen und bündelt so die grafische Rechenleistung.[100] NVIDIA GRID kann die Rechenleistung der Grafikkarten für virtuelle Maschinen aufteilen und durch den Hypervisor den Maschinen zur Verfügung stellen. Der von LiquidSky genutzte Hypervisor für virtuelle Umgebungen, der Citrix XenServer unterstützt in der Theorie das Durchleiten und Teilen der Leistung einer Karte an 128 virtuelle Instanzen.[101] Erst

---

[91] VOSSEN/HASELMANN/HOEREN (2013), S. 18
[92] BAUN (2011), S. 10–11
[93] VOSSEN/HASELMANN/HOEREN (2013), S. 18
[94] AMAZON WEB SERVICES (o.J.)
[95] BARCLAY (2016)
[96] IBM (2017)
[97] IBM (o.J.)
[98] CARR (2018)
[99] BUYYA, et al. (2009), S. 603
[100] NVIDIA (o.J.c)
[101] MURTHY (2015)

dadurch ist es möglich, grafisch anspruchsvolle Anwendungen, wie Computerspiele, in der Cloud zu nutzen.

4.2.3. Moderne Komprimierungscodecs zur Übertragung von hochauflösenden Bildern bei geringer Verzögerung

Um das Bild von der virtuellen Maschine in der Cloud bei LiquidSky zum Nutzer zu übertragen, benötigt es sehr viel Bandbreite, die Internetleitungen nicht zur Verfügung stellen. Deshalb wurden Komprimierungscodecs entwickelt, um Datenraten gering zu halten. Der aktuellste Codec ist der High-Effiency-Video-Coding Standard (HEVC/H.265)[102], entwickelt von der International Telecommunication Union. Ziel dieser Entwicklung ist es, eine starke Verbesserung in der Effizienz herbei zu führen.[103] HEVC ermöglicht dabei nicht nur eine deutlich höhere Auflösung als der vorherige Standard[104] (h.264, z.B. auf YouTube eingesetzt, vorher 4K, jetzt 8K), sondern auch bei der Verarbeitungsperfomance einen um 40% besseren Wert.[105] Erst diese Technologie ermöglicht das Streamen des Bildes bei geringer Latenz (durch effiziente Verarbeitung) und niedrigerer Datenrate. LiquidSky setzt diese Technologie derzeit über den Citrix XenServer ein[106], arbeitet allerdings an einer eigenen Lösung, um HEVC effizienter zu implementieren.[107]

5. Die Verschiebung der mittelfristigen Marktmacht vom Verbraucher zu Share-Economy-Anbietern in der Informationstechnik und Datenverarbeitung

5.1. Thin-Client, Software- und Gaming as a Service als Treiber zur Entwicklung in Richtung des Personal-Computers aus der Cloud

5.1.1. Die Vorteile von Server-Based-Computing und dessen ökonomische und sicherheitstechnische Vorteile für Unternehmen und Konsumenten

Um die Vorteile von Server-Based-Computing in einer Cloud zu verstehen, eignet es sich, einen Blick auf die Thin-Clients zu werfen.

---

[102] SULLIVAN, et al., S. 1649
[103] SULLIVAN, et al., S. 1650
[104] FISCHER (2016), S. 178
[105] BING (2015), S. 205
[106] MORENO (2018)
[107] LIQUIDSKY (2015)

Die Thin-Clients bzw. das Sever-Based-Computing verlagert nicht nur die Anwendungen, sondern auch Sicherheitsfunktionen wie Speicher- und Backupsysteme auf den Server. Es müssen keine großen Datenmengen mehr im Netzwerk verschoben werden, um ein Backup zu machen, die Sicherungskopie lässt sich am Server erstellen. Die Kommunikation zwischen Thin-Client und Server beschränkt sich auf Maus-, und Tastatureingaben, sowie Bildschirminhalten. Trotzdem können Drucker, etc. angeschlossen werden. Der Thin-Client lässt sich wie ein normaler Computer bedienen.[108] Die Sicherheit wird auf eine zentralisierte Infrastruktur verlagert und ist einfacher zu gewährleisten. Bei Infizierung muss eine virtualisierte Maschine bloß zurückgesetzt werden. Security-Maßnahmen konzentrieren sich auf den Server.[109] Neue Thin-Client-Endgeräte müssen nicht aufwendig neu mit Windows bespielt werden, sondern sind sofort einsatzbereit, da alle Anwendungen auf dem Server bzw. in der Cloud installiert sind.[110] Zu guter Letzt ergibt sich ein enormer Kostenvorteil, da die Anwendungen zentralisiert sind und die Clients recht günstig sind.[111]

5.1.2. Cloud-Gaming als Vorreiter von Server-Based-Computing für Konsumenten

Cloud-Gaming könnte die Art und Weise, wie Computerspiele ausgespielt werden, verändern. Dadurch, dass Dienste wie LiquidSky und Geforce Now ihren Service geräteunabhängig anbieten, könnten Computerspiele, die große und grafisch aufwendige Spielwelten bieten, auch auf dem weniger leistungsfähigen Smartphone oder einer Augmented- bzw. Virtual-Reality-Brille zeit- und ortsunabhängig gespielt werden. Durch den fortschreitenden Netzausbau zu Glasfaser und der nächsten Mobilfunkgeneration 5G, die sehr geringe Latenzen ermöglichen sollen[112] [113], ist die Unabhängigkeit von einer physischen Ressource immer stärker gewährleistet. Spieleentwickler sehen die kommende Konsolengeneration (PlayStation 5, Xbox Two) bereits als die letzte Konsolengeneration an[114], künftig würden Spiele gestreamt werden. Dass das geräteunabhängig möglich sein könnte, deutet PlayStation Now an, ein Dienst der PlayStation-Spiele auf den PC streamt.[115]

---

[108] LAMPE (2010), S. 94
[109] LAMPE (2010), S. 94
[110] LAMPE (2010), S. 95
[111] LAMPE (2010), S. 100
[112] SANTOYO-GONZÁLEZ/CERVELLÓ-PASTOR (2018), S. 29
[113] CROSS (2018), S. 12
[114] ORLAND (2018b)
[115] SONY (o.J.)

LiquidSky bietet ein vollwertiges Windows-Betriebssystem. Theoretisch ist es für Endanwender also bereits möglich, damit zu arbeiten und andere Anwendungsfelder neben Computerspielen darauf zu nutzen. Allerdings löscht LiquidSky die Daten derzeit noch regelmäßig.[116]

Die Vorteile für den Computerspieler, wie die niedriger werdenden Investitionskosten für Computer-Hardware oder die Ortsunabhängigkeit, sind auch für andere Anwendungsbereiche durch die Übertragung der bereits ausgereiften Thin-Client-Technologie in die Cloud. Server-Based-Computing könnte sich vom Unternehmensmodell in ein massentaugliches Geschäftsmodell verwandeln, mit allen ökonomischen und sicherheitstechnischen Vorteilen, die der Thin-Client mitbringt. Smartphones wie das Samsung Galaxy S9 lassen sich bereits als vollwertiger Computer benutzen und unterstützen Thin-Client-Technik, wie zum Beispiel Citrix.[117]

5.2. Technische Veränderungen im Ausspielen von Betriebssystemen und die Konsequenzen

5.2.1. Veränderung aus Nutzersicht

Thin-Clients nutzen die kommende schnelle Internetinfrastruktur, um zu einem Server nicht mehr im Unternehmensnetzwerk, sondern auf einem entfernten Server zuzugreifen. Dadurch entwickelt sich das SaaS-Modell, bei dem nur einzelne Anwendungen in der Cloud zur Verfügung gestellt werden, zu einem Cloud-PC, der, wie bei den Thin-Clients, alle Anwendungen auf das Endgerät streamt. LiquidSky zeigt, dass dies bereits mit aktueller Infrastruktur, im sehr latenz-kritischen Anwendungsfeld Gaming möglich ist. Auf Endgeräten, zum Beispiel Smartphones, würden wie bei normalen Thin-Clients ein minimales Betriebssystem aufgespielt. Apps würden in der Cloud installiert und von dort gestreamt. In der Nutzererfahrung verhielte sich der Client in Form eines Smartphones oder eines Computers wie ein bekanntes Fat-Client-Endgerät. Rechenintensive Anwendungen, die dauerhaft eingesetzt werden sollten, scheiterten nicht mehr an der kurzen Lebensdauer eines Akkus, beispielsweise in Augmented-Reality-Brillen. Smartphones könnten an Computer-Monitore und Tastaturen angeschlossen werden und je nach gebuchten Cloud-PC-Tarif deutlich leistungsfähiger sein, als aktuelle PC-Hardware. Laptops

---

[116] LIQUIDSKY (2018)
[117] SAMSUNG (o.J.)

und Personal-Computer wie wir sie kennen, würden nicht mehr benötigt. Auch Marktanalysten von Gartner vermuten eine Entwicklung in diese Richtung.[118]

5.2.2. Die Abhängigkeit des Konsumenten von zentraler und monopolistischer Infrastruktur bei Share-Economy-Geschäftsmodellen in der Informationstechnik

Cloud-Anbieter bieten Unternehmen und privaten Kunden eine Plattform-Infrastruktur mit bestimmten Cloud-Diensten, zum Beispiel das Abspeichern von Dateien (z.B. OneDrive) oder Cloud-Anwendungen (z.B. Office 365), an (Software as a Service). Durch eine mögliche Weiterentwicklung zum Cloud-PC wird die Abhängigkeit von dieser Infrastruktur größer. Durch die hohen Investitionskosten für ein starkes Wachstum bei Cloud-Plattformen tendieren Cloud-Anbieter zur Monopolisierung.[119] Um für die Nutzer attraktiver zu werden, weiten sie die Funktionalität der Cloud-Plattform in die Breite aus[120]. Zum Beispiel indem sie Autohersteller im Bereich autonomes Fahren exklusiv in ihre Cloud-Plattform einbinden.[121] Wer autonom fahren und dabei auf seine Daten und Anwendungen zugreifen möchte, sollte also die Cloud-Plattform des Partnerunternehmens des Autoherstellers nutzen.

Für den Cloud-PC könnten ähnliche Mechanismen funktionieren. Wer aktuell Office 365 nutzen möchte, bekommt gleichzeitig viel Speicherplatz in der Microsoft Cloud (OneDrive) dazu[122]. Da es nicht beziehungsweise nur mit eingeschränkter Funktionalität möglich ist, andere Cloud-Plattformen und Office-Anwendungen zu nutzen (automatisches Speichern und paralleles Bearbeiten nicht möglich), bildet Microsoft hier eine Art monopolistisches Angebot. Es wäre vorstellbar, dass Office 365 im Cloud-PC ebenfalls nur umfassend nutzbar ist, wenn der Cloud-PC bei Microsoft bestellt würde. Eine weitere Tendenz ist es, Nutzer stark in das eigene, geschlossene System einzuschließen[123] und durch Daten-Inkompatibilität die Kosten für einen Wechsel zu anderen Anbietern in die Höhe zu treiben, zum Beispiel bei Apple und Windows-Anwendungen.

---

[118] GARTNER (2017)
[119] SRNICEK (2017), S. 21
[120] SRNICEK (2017), S. 67
[121] TAYLOR/AUCHARD (2016)
[122] MICROSOFT (o.J.c)
[123] SRNICEK (2017), S. 68

Große Datenmengen lassen sich nicht ohne bezahlte Drittanbieter-Anwendungen von einem Cloud-Speicher auf einen anderen verschieben, wenn die Daten nicht über die eigene, langsamere Internetleitung vollständig heruntergeladen und wieder hochgeladen werden sollen. Beim Wechsel des Anbieters eines Cloud-PCs wäre dies noch aufwendiger, als ein Windows-Betriebssystem mit all den installierten Anwendungen neu aufzusetzen. Allein die kommende Bequemlichkeit, alle Anwendungen überall verfügbar zu wissen und neue Endgeräte ohne Installation anschaffen zu können, würde die Hürde, den Anbieter zu wechseln, erhöhen. Weiterhin lässt die Partnerschaft von LiquidSky mit Verizon, dem US-Mobilfunkanbieter[124], erahnen, dass bestimmte Cloud-Dienste künftig am besten funktionieren werden, wenn man den richtigen Mobilfunkanbieter wählen würde.

6. Fazit

Durch LiquidSky werden leistungshungrige Computerspiele in bester Grafik nicht nur für PC-Gamer mit leistungsfähigen Rechnern verfügbar. Durch LiquidSky und andere Angebote wie Geforce Now könnten Konsolen und Computer in der Zukunft weniger wichtig werden, denn das Endgerät dient nur noch zum Wiedergeben der bereits errechneten Computergrafik. Die Technologie ermöglicht aber noch einen weiteren Schritt, der aus Unternehmen bereits als Thin-Clients bekannt ist, aber nur in leistungsfähigen, lokalen Netzwerken eingesetzt werden kann. Mit dem Ausbau und der Verfügbarkeit von schnellerem Internet, im Breitband wie in der Latenz, könnte der zum Thin-Client gehörende Server in die Cloud verlegt werden. Das ergäbe ein neues Share-Economy-Geschäftsmodell: Der Cloud-PC. Smartphones und Computer wären dabei nur noch Abspielgeräte. Dadurch stiege allerdings die ökonomische Abhängigkeit von diesen Anbietern, denn erfolgreiche Cloud-Infrastrukturen lohnen sich erst ab einer bestimmten Größe, da die Investitionen hoch sind. Dadurch würden große Anbieter wie Amazon AWS im Vorteil sein und versuchen, Nutzer den Wechsel zu anderen Anbietern deutlich zu erschweren. Der Konsument sähe sich in diesem Verhältnis einem neuen Monopol gegenüber.

---

[124] VERIZON (2018)

Anlage 1

Abbildung 1:

Kanalphasen und Kanaltypen für Distributionskanäle angelehnt an Osterwalder/Pigneur (2011)[125]

	Partner		eigene	
	indirekt			direkt
Kanaltypen	Großhändler	Partnerfilialen	Eigene Filialen	Internetverkauf	Verkaufsabteilung
Kanalphasen					
Aufmerksamkeit auf das Produkt oder die Dienstleistung lenken					
Bewertung Kunden bei der Bewertung des Werteangebot unterstützen					
Kauf Kunden den Kauf für sie spezifische Produkte und Dienstleitungen ermöglichen					
Vermittlung Kunden die Werteangebote vermitteln					
Nach dem Kauf Den Kunden bei seiner Nachkauferfahrung unterstützen					

---

[125] OSTERWALDER/PIGNEUR (2011)

Anlage 2

Abbildung 2:

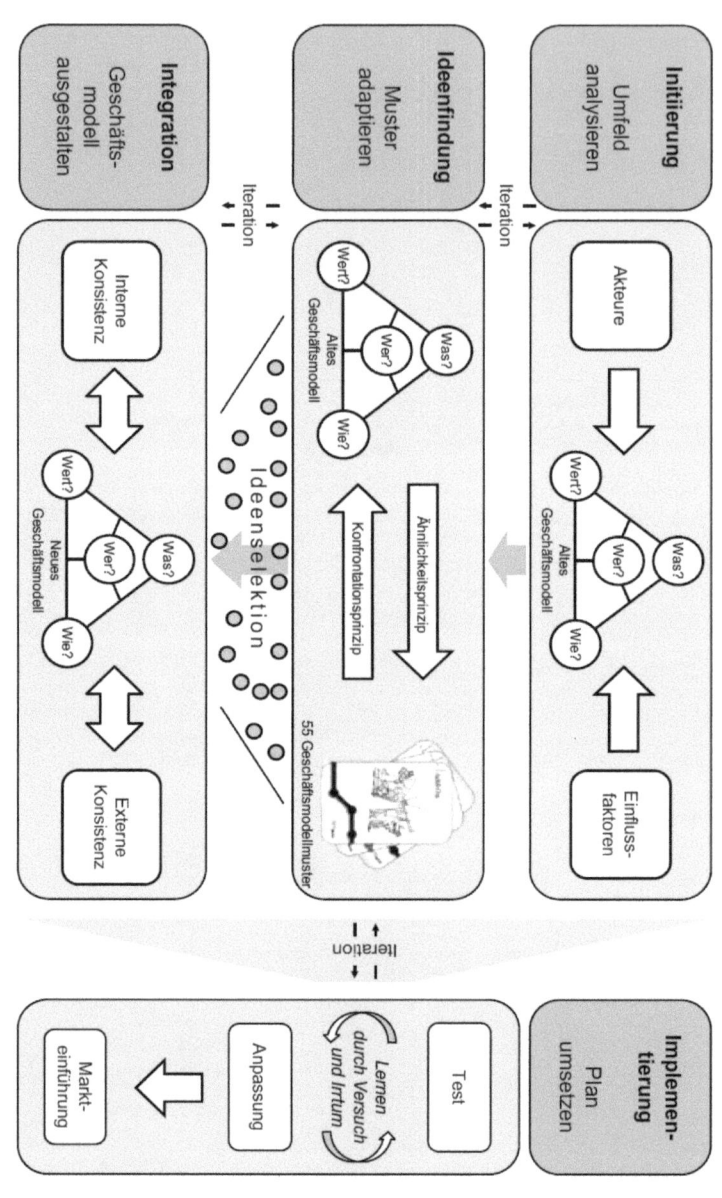

Anlage 3

Raster für Geschäftsmodell-Dimensionen und -Elemente von Schallmo (2013)[127]

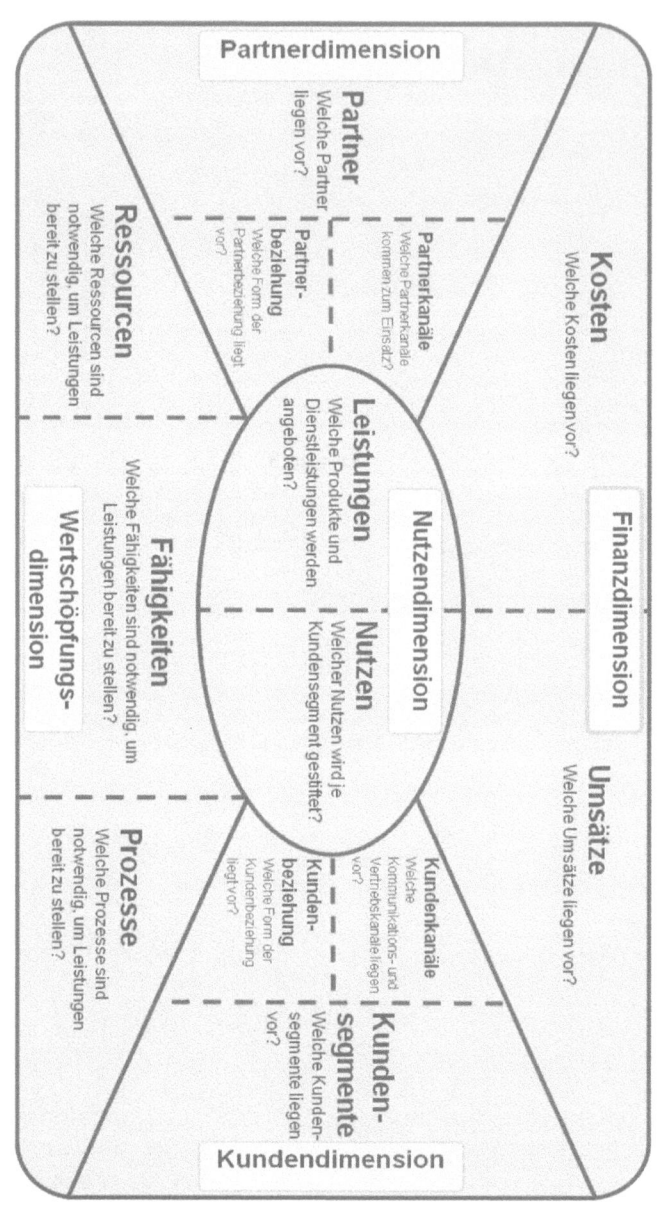

Anlage 4

Abbildung 4:

A high-level concept diagram of how cloud gaming works.[128]

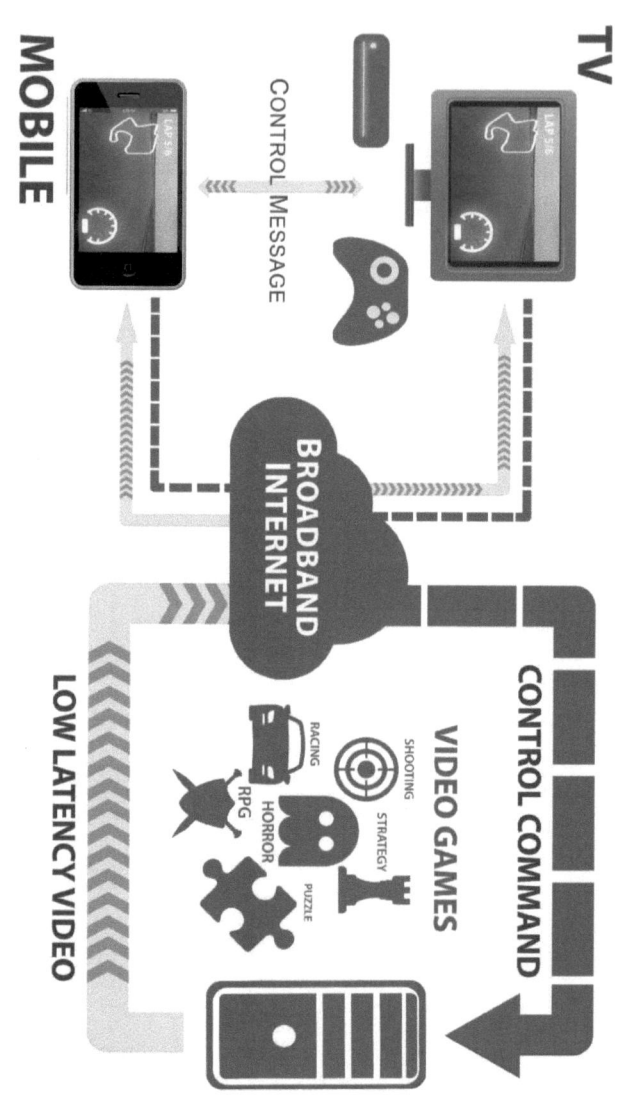

[128] ORLAND (2018a)

Anlage 5

Geschäftsmodellanalyse von LiquidSky[129]

Key Partners	Key Activities	Key Resources	Value Propositions	Customer Relationships	Channels	Customer Segments
IBM, AWS: IaaS	Auto-Scaled on-demand virtual Machines mit High-End-Hardware	Rechenzentren, selbstentwickelte Deployment-Lösung, NVIDIA GRID für Grafikleistung	- Aktuelle High-End-Spiele spielen, ohne High-End-Hardware	- Chat, E-Mail, Supportbereich, Forum	Automatisierter Direktverkauf über die Internetseite	- Computerspieler, die sich keine teure Hardware leisten können oder wollen
Microsoft: Windows-Lizenzen	Rechenleistung für Computerspiele und Enterprises	Kapital	-Verkauf im „SkyStore"	Persönlicher Verkauf bei Enterprise-Kunden	- Anwender, die Geräteunabhängig sein wollen
NVIDIA, AMD: vGPUs, Grafiktreiber			-Geringe monatliche Kosten, hohe Leistung	- Persönliche Beratung bei Enterprise		- Enterprise-Kunden, die ihre eigenen Anwendungen streamen wollen
Citrix: Virtualisierungs-hypervisor			- Geräte- und Standortunabhängig			- Film-/Musikproduzenten und Architekten, für günstiges grafisches Rendering
Samsung Next: Kapitalgeber			- Schnelles-On-Demand-Server-Deployment			
			- Grafikintensive Anwendungen günstig in der Cloud berechnen			

Cost Structure	Revenue Streams
- Hohe Kosten für IaaS von IBM/AWS – durch Auto-Scaling an Nachfrage geknüpft, daher schwankend	- Zahlungsmodell monatlich oder „pay as you go", minutengenaue Abrechnung nach Nutzung
- Lizenzkosten für Windows und Citrix	- Werbung und gesponserte Spieledemos (vorinstalliert)
- Entwicklungskosten für den Client sowie Deployment-System, außerdem Wartungskosten	- Daten über die Nutzung (installierte Programme etc.)
	- Enterprise-Dienstleistungen

---

[129] Eigene Darstellung in Anlehnung an Osterwalder/Pigneur (2011)

Literatur

AMAZON WEB SERVICES (o.J.): Was ist Amazon EC2? - Amazon Elastic Compute Cloud. Unter: https://docs.aws.amazon.com/de_de/AWSEC2/latest/UserGuide/concepts.html, Abgerufen: 10.07.2018

AMD (2017): AMD's "Vega" GPU to Power LiquidSky Platform for Enthusiast-Level Gameplay Anywhere. Unter: https://www.amd.com/en-us/press-releases/Pages/amd-vega-gpu-2017mar01.aspx, Abgerufen: 16.07.2018

ARMBRUST, MICHAEL/FOX, AMANDO/JOSEPH, ANTHONY D./KATZ, RANDY H./KOWINSKI, ANDREW/LEE, GUNHO/RABKIN, ARIEL/STOICA, ION/ZAHARIA, MATEI (2009): Above the Clouds: A Berkeley View of Cloud. Unter: https://www2.eecs.berkeley.edu/Pubs/TechRpts/2009/EECS-2009-28.pdf, Abgerufen: 22.6.2018

BARCLAY, CHRIS (2016): Fleet Management Made Easy with Auto Scaling | Amazon Web Services. Unter: https://aws.amazon.com/de/blogs/compute/fleet-management-made-easy-with-auto-scaling/, Abgerufen: 10.07.2018

BAUN, CHRISTIAN (2011): Cloud Computing: Web-basierte dynamische IT-Services, 2. Aufl., Heidelberg, Springer

BELK, RUSSELL (2007): Why Not Share Rather Than Own? In: The ANNALS of the American Academy of Political and Social Science, 611, H. 1, S. 126–140

BING, BENNY (2015): Next-Generation Video Coding and Streaming, New Jersey, Wiley

BOTSMAN, RACHEL (2013): The Sharing Economy Lacks A Shared Definition. Unter: https://www.fastcompany.com/3022028/the-sharing-economy-lacks-a-shared-definition, Abgerufen: 23.05.2018

BOTSMAN, RACHEL (2015): Defining The Sharing Economy: What Is Collaborative Consumption–And What Isn't? Unter: https://www.fastcompany.com/3046119/defining-the-sharing-economy-what-is-collaborative-consumption-and-what-isnt, Abgerufen: 02.07.2018

BOTSMAN, RACHEL/ROGERS, ROO (2011): What's mine is yours: How collaborative consumption is changing the way we live, London, Collins

BUNDESAMT FÜR SICHERHEIT IN DER INFORMATIONSTECHNIK (o.J.): BSI - Cloud Computing Grundlagen. Unter: https://www.bsi.bund.de/DE/Themen/DigitaleGesellschaft/CloudComputing/Grundlagen/Grundlagen_node.html, Abgerufen: 09.07.2018

BUYYA, RAJKUMAR/YEO, CHEE S./VENUGOPAL, SRIKUMAR/BROBERG, JAMES/BRANDIC, IVONA (2009): Cloud computing and emerging IT platforms: Vision, hype, and reality for delivering computing as the 5th utility. In: Future Generation Computer Systems, 25, H. 6, S. 599–616

CARR, JOSHUA (2018): LiquidSky, NVIDIA GPUs, and IBM Cloud are powering the evolution of gaming - IBM Cloud Blog. Unter: https://www.ibm.com/blogs/bluemix/2018/01/liquidsky-powering-gaming-evolution/, Abgerufen: 12.07.2018

CROSS, MIRIAM (2018): 5G WIRELESS: THE NEXT GENERATION. In: Kiplinger's Personal Finance, 72, H. 7, S. 12

D'ANGELO, GABRIELE/FERRETTI, STEFANO/MARZOLLA, MORENO (2015): Cloud for Gaming, in: Newton Lee (Hrsg.): Encyclopedia of Computer Graphics and Games, Switzerland, Springer International Publishing, S. 1–6

DELL (o. J.): Wyse Thin Clients | Dell Deutschland. Unter: http://www.dell.com/de-de/work/shop/wyse-endger%C3%A4te-und-software/sf/thin-clients, Abgerufen: 22.05.2018

FISCHER, WALTHER (2016): Digitale Fernseh- und Hörfunktechnik in Theorie und Praxis: MPEG-Quellcodierung und Multiplexbildung, analoge und digitale Hörfunk- und Fernsehstandards, DVB, DAB/DAB+, ATSC, ISDB-T, DTMB, terrestrische, kabelgebundene und Satelliten-Übertragungstechnik, Messtechnik, Berlin Heidelberg, Springer

GARTNER (2017): Digitaler Arbeitsplatz: Kommen die Thin Clients für das Cloud-Office? - silicon.de. Unter: https://www.silicon.de/blog/digitaler-arbeitsplatz-kommen-die-thin-clients-fuer-das-cloud-office/, Abgerufen: 16.07.2018

GASSMANN, OLIVER/FRANKENBERGER, KAROLIN/CSIK, MICHAELA (2017): Geschäftsmodelle entwickeln: 55 innovative Konzepte mit dem St. Galler Business Model Navigator, 2. Aufl., München, Hanser

GOOGLE PLAY STORE (2018): LiquidSky PC Cloud Gaming on Android (Closed Beta) – Apps bei Google Play. Unter: https://play.google.com/store/apps/details?id=co.liquidsky&hl=de, Abgerufen: 26.06.2018

HAWLITSCHEK, FLORIAN/TEUBNER, TIMM/GIMPEL, HENNER (2016): Understanding the Sharing Economy -- Drivers and Impediments for Participation in Peer-to-Peer Rental, in: Tung X. Bui, Ralph H. Sprague (Hrsg.): Proceedings of the 49th Annual Hawaii International Conference on System Sciences, Piscataway, NJ, IEEE, S. 4782–4791

HAWLITSCHEK, FLORIAN/TEUBNER, TIMM/WEINHARDT, CHRISTOF (2016): Trust in the Sharing Economy. In: Swiss Journal of Business Research and Practice, 70, H. 1, S. 26–44

HENG, STEFAN (2017): Basiswissen Wirtschaftsinformatik Sharing Economy. In: DAS WIRTSCHAFTSSTUDIUM (WISU), 46; Jg. 2017, H. 12, S. 1340–1341

HENTSCHEL, RAOUL/LEYH, CHRISTIAN (2018): Cloud Computing: Status quo, aktuelle Entwicklungen und Herausforderungen, in: Stefan Reinheimer (Hrsg.): Cloud Computing, Wiesbaden, Springer Fachmedien, S. 3–20

IBM (o.J.): Auto Scaling - Overview | IBM Cloud. Unter: https://www.ibm.com/cloud/auto-scaling, Abgerufen: 10.07.2018

IBM (2017): LiquidSky: Transforming the gaming delivery model with a service powered by IBM Cloud technology. Unter: https://www.ibm.com/case-studies/q209372k82841p40, Abgerufen: 10.07.2018

LAMPE, FRANK (2010): Thin Clients – Eine Einführung, in: Frank Lampe (Hrsg.): Green-IT, Virtualisierung und Thin Clients, Wiesbaden, Vieweg+Teubner Verlag, S. 91–100

LIQUIDSKY (o.J.a): LiquidSky - Effortless Computing and Streaming at the Edge. Unter: https://enterprise.liquidsky.com/, Abgerufen: 16.07.2018

LIQUIDSKY (o.J.b): LiquidSky - The Ultimate Cloud Gaming PC. Unter: https://gaming.liquidsky.com/, Abgerufen: 16.07.2018

LIQUIDSKY (o. J.c): LiquidSky - The Ultimate Cloud Gaming PC. Unter: https://gaming.liquidsky.com/how_it_works, Abgerufen: 14.06.2018

LIQUIDSKY (o.J.d): LiquidSky Community. Unter: https://community.liquidsky.tv/, Abgerufen: 16.07.2018

LIQUIDSKY (o.J.e): LiquidSky Knowledge Base. Unter: https://liquidskysupport.zendesk.com/hc/en-us, Abgerufen: 16.07.2018

LIQUIDSKY (o.J.f): LiquidSky Software. Unter: https://liquidsky.com/, Abgerufen: 16.07.2018

LIQUIDSKY (2015): r/LiquidSky - Citrix receiver. Unter: https://www.reddit.com/r/LiquidSky/comments/2rvo8q/citrix_receiver/, Abgerufen: 13.07.2018

LIQUIDSKY (2017): Privacy Policy. Unter: https://cdn.liquidsky.com/assets/privacy.pdf, Abgerufen: 16.07.2018

LIQUIDSKY (2018): Are there any circumstances under which my SkyComputer will be deleted? Unter: https://liquidskysupport.zendesk.com/hc/en-us/articles/115001258854-Are-there-any-circumstances-under-which-my-SkyComputer-will-be-deleted-, Abgerufen: 14.07.2018

MELL, PETER/GRANCE, TIMOTHY: The NIST Definition of Cloud Computing: NIST Special Publication 800-145. Unter: https://nvlpubs.nist.gov/nistpubs/legacy/sp/nistspecialpublication800-145.pdf, Abgerufen: 26.6.2018

MICROSOFT (o.J.a): Microsoft Azure: Cloud Computing-Plattform und -Dienste. Unter: https://azure.microsoft.com/de-de/, Abgerufen: 14.07.2018

MICROSOFT (o.J.b): Microsoft Office. Unter: https://www.office.com/, Abgerufen: 14.07.2018

MICROSOFT (o.J.c): Microsoft OneDrive. Unter: https://onedrive.live.com/about/de-DE/plans/, Abgerufen: 14.07.2018

MORENO, ROBERTO (2018): H.265 Encoding Now Available for XenDesktop Using NVIDIA GPUs! | Citrix Blogs. Unter: https://www.citrix.com/blogs/2018/01/07/h-265-encoding-now-available-for-xendesktop-using-nvidia-gpus/, Abgerufen: 13.07.2018

MURTHY, SOWMYA (2015): NVIDIA M60 Support on XenServer | Citrix Blogs. Unter: https://www.citrix.com/blogs/2015/11/06/nvidia-m60-support-on-xenserver/, Abgerufen: 13.07.2018

NVIDIA (o. J.a): Cloud-Gaming mit NVIDIA GeForce NOW: jetzt auch auf Mac und PC. Unter: https://www.nvidia.de/geforce/products/geforce-now/mac-pc/, Abgerufen: 29.05.2018

NVIDIA (o. J.b): PC-Spiele auf NVIDIA SHIELD spielen und streamen. Unter: https://www.nvidia.de/shield/games/, Abgerufen: 29.05.2018

NVIDIA (o.J.c): Virtual PC und Virtual Applications mit der Power von NVIDIA GRID. Unter: https://www.nvidia.de/design-visualization/grid-vpc-vapps/, Abgerufen: 25.06.2018

ORLAND, KYLE (2018a): A high-level concept diagram of how cloud gaming works. Unter: https://infograph.venngage.com/p/204824/cloud-gaming, Abgerufen: 25.06.2018

ORLAND, KYLE (2018b): Ubisoft CEO: Cloud gaming will replace consoles after the next generation. Unter: https://arstechnica.com/gaming/2018/06/ubisoft-ceo-cloud-gaming-will-replace-consoles-after-the-next-generation/, Abgerufen: 25.06.2018

OSTERWALDER, ALEXANDER/PIGNEUR, YVES (2011): Business model generation: Ein Handbuch für Visionäre, Spielveränderer und Herausforderer, Frankfurt/New York, Campus Verlag

PRICEWATERHOUSECOOPERS (2015): The Sharing economy. Unter: https://www.pwc.fr/fr/assets/files/pdf/2015/05/pwc_etude_sharing_economy.pdf, Abgerufen: 29.6.2018

PUSCHMANN, THOMAS/ALT, RAINER (2016): Sharing Economy. In: Business & Information Systems Engineering, 58, H. 1, S. 93–99

RIFKIN, JEREMY (2014): Die Null-Grenzkosten-Gesellschaft: Das Internet der Dinge, kollaboratives Gemeingut und der Rückzug des Kapitalismus, Frankfurt am Main, Campus-Verlag

SAMSUNG (o.J.): Samsung DeX. Unter: https://www.samsung.com/global/galaxy/apps/samsung-dex/, Abgerufen: 14.07.2018

SANTOYO-GONZÁLEZ, ALEJANDRO/CERVELLÓ-PASTOR, CRISTINA (2018): Latency-aware cost optimization of the service infrastructure placement in 5G networks. In: Journal of Network and Computer Applications, 114, S. 29–37

SCHALLMO, DANIEL (2013): Geschäftsmodell-Innovation: Grundlagen, bestehende Ansätze, methodisches Vorgehen und B2B-Geschäftsmodelle, Wiesbaden, Springer Gabler

SONY (o.J.): PS Now für PC. Unter: https://www.playstation.com/de-de/explore/playstation-now/ps-now-on-pc/, Abgerufen: 15.07.2018

SRNICEK, NICK (2017): Platform capitalism, Cambridge, UK/Malden, MA, Polity

SULLIVAN, GARY J./OHM, JENS-RAINER/HAN, WOO-JIN/WIEGAND, THOMAS: Overview of the High Efficiency Video Coding (HEVC) Standard. In: IEEE TRANSACTIONS ON CIRCUITS AND SYSTEMS FOR VIDEO TECHNOLOGY, 22, H. 12, S. 1649–1688

TAKASHI, DEAN (2016): LiquidSky is ready to show off its modern take on OnLive's failed cloud gaming. Unter: https://venturebeat.com/2016/08/17/liquidsky-aims-to-revive-cloud-gaming-with-modernized-service/, Abgerufen: 11.05.2018

TAYLOR, EDWARD/AUCHARD, ERIC (2016): Amazon, Microsoft look for big data role in self-driving cars | Reuters. Unter: https://www.reuters.com/article/us-automakers-here-amazon-idUSKCN0WX2D8, Abgerufen: 14.07.2018

TETT, MATT (2005): Six thin clients reviewed | ZDNet. Unter: https://www.zdnet.com/article/six-thin-clients-reviewed/, Abgerufen: 22.05.2018

VERIZON (2018): LiquidSky is using 5G to explore the edge of cloud computing. Unter: https://www.verizon.com/about/news/liquidsky-using-5g-explore-edge-cloud-computing, Abgerufen: 14.07.2018

VOSSEN, GOTTFRIED/HASELMANN, TILL/HOEREN, THOMAS (2013): Cloud-Computing für Unternehmen: Technische, wirtschaftliche, rechtliche und organisatorische Aspekte, Heidelberg, dpunkt-Verl.

WIKIPEDIA (2018): Cloud Computing. Unter: https://de.wikipedia.org/wiki/Cloud_Computing, Abgerufen: 29.06.2018

WOSSKOW, DEBBIE (2014): Unlocking the sharing economy: An independent review. Unter: https://assets.publishing.service.gov.uk/government/uploads/system/uploads/attachment_data/file/378291/bis-14-1227-unlocking-the-sharing-economy-an-independent-review.pdf, Abgerufen: 02.07.2018